HERAUSGEGEBEN VON HANS WILHELMI UND PETER HAMANN

VERLAG DER BRÜHLSCHEN UNIVERSITÄTSDRUCKEREI GIESSEN

Text: Werner Stephan, Gießen
Graphische Gestaltung: Arno Friedrich, Gießen

ISBN 3-922300-01-4

5. Auflage: 2000-1979

Alle Rechte, auch die des auszugsweisen Nachdrucks,
der fotomechanischen Wiedergabe, der Übertragung in Bildstreifen
sowie jegliche andere Entnahme der Abbildungen vorbehalten.
© Verlag der Brühlschen Universitätsdruckerei, Gießen
Gesamtherstellung: Brühlsche Universitätsdruckerei, Gießen

Anstelle eines Vorwortes möchten wir den Damen und Herren danken, die uns Bilder zur Verfügung stellten bzw. uns bei der Beschaffung von Fotos und sonstigen Unterlagen für dieses Buch behilflich waren: Martin Abermann KG., Gießen; Frau Bauer, Gießen; Frau Bender, Gießen; Walter von Deschwanden, Gießen; Fräulein Frech, Gießen; Heinrich Frey, Gießen; Heinz Gruhne, Gießen; Ernst Heck, Gießen; Heinrich Hochstätter, Gießen; Fritz Höpfner, Heuchelheim; Fritz Karn-Schulz, Gießen; Frau Kliffmüller, Lich; Moritz Köhler, Gießen; Frau Krebs, Frankfurt; Frau Krüger, Gießen; Fräulein Kuhne, Gießen; Peter Merck, Gießen; Rudolf Metzger, Gießen; Gewerbeoberrat i. R. Dr. Erwin Meyer, Gießen; Dr. med. H. Müller, Gießen; K. Nagel, Neckar-Gerach; Frau Nebel, Worms; Wolfgang Neuner, Gießen; Heinrich Ochs, Gießen; Frau Pfeiffer, Gießen; Carl Röhr, Gießen; Kurt Schäfer, Gießen; Prof. Dr. Schliephake, Gießen; Dekan i. R. Karl Schmidt, Gießen; Wilhelm Schmidt, Gießen; Frau Ullrich, Gießen; Prof. Dr. Völker, Gießen; Dr. Else Weppler, Eicha über Coburg; Frau Wiegand, Gießen; Erich Winter, Gießen; Baumeister i. R. Karl Zulauf, Gießen.
Wir danken ferner dem Direktor des Oberhessischen Museums, Dr. Herbert Krüger, dem Leiter des städtischen Archivs, Dr. Erwin Knauß, der Stadt- und Kreisbildstelle Gießen, der Gießener Stadtverwaltung, den Stadtwerken, dem Stadtbauamt und der Universitätsbibliothek Gießen. Unser Dank gilt daher auch den vielen Gießenern, die hier nicht namentlich aufgeführt werden konnten, die uns aber bei der Zusammenstellung dieses Bandes ebenfalls wertvolle Unterstützung zuteil werden ließen.
Groß war die Zahl derer, die diese Sammlung von Alt-Gießen-Bildern ermöglichte; groß ist hoffentlich auch die Zahl derjenigen, die ihre Freude daran haben werden. Der Bildband soll den alten Gießenern eine Erinnerung sein an die Stadt, die zum größten Teil im Bombenhagel des zweiten Weltkrieges zerstört wurde, es soll den Neubürgern und den Jüngeren auf der anderen Seite zeigen, wie Gießen früher aussah.

Im Monat Mai beginnt die Geschichte der Stadt Gießen. Genauer gesagt: im Mai des Jahres 1248. Damals hatten sich Schultheiß Conrad, die Schöffen und alle Bürger Gießens auf dem Friedhof vor der Kapelle versammelt. Sie urkundeten, daß Ludwig von Rodheim und seine Frau auf Güter in Steinbach zugunsten des Abtes von Arnsburg verzichteten und von ihm 18 Schilling Kölner Währung erhielten. Gewiß, dies ist keine Urkunde, die Gießen offiziell das Stadtrecht verleiht, sie läßt aber erkennen, daß sich die wohl 100 Jahre ältere Siedlung neben der gleibergisch-tübingischen Wasserburg bereits zur vollgültigen Stadt entwickelt hatte.

Allerdings war der Gießener Raum schon in frühgeschichtlicher Zeit besiedelt. Die verschiedensten Funde und Ausgrabungen geben darüber Gewißheit. Aber erst eine Urkunde aus dem Jahre 775 belegt, daß es Wieseck, Ursenheim (am Eulenkopf) und Selters (auf dem Seltersberg, stadtauswärts rechts neben der heutigen Frankfurter Straße) gab. Ursenheim und Selters bestehen schon lange nicht mehr; Wieseck wurde ein Teil der Stadt. Diese Stadt aber ist bestimmt jünger; 1197 taucht der Name Gießen zum erstenmal in einer Urkunde auf: Salome, Gräfin von Giezzen. Sie war die Witwe des Grafen Wilhelm von Gleiberg, der „in den Giezzen" eine Burg gebaut hatte, die zum Witwensitz der Gräfin Salome wurde. Ausgrabungen haben gezeigt, daß diese Burg hinter dem heutigen Stadtkirchenturm stand. Und der Name „zu den Giezzen"? Gießen bedeutet Bäche, fließendes Wasser. Es handelte sich um das Wasser der Wieseck, die sich durch das sumpfige Gießener Becken ihren Weg zur Lahn suchte und dabei zahlreiche Rinnsale bildete.

Es folgte dann das für Gießen bedeutungsvolle Jahr 1248. Rund 17 Jahre später ging die Stadt aus dem Besitz der Pfalzgrafen von Tübingen in den der hessischen Landgrafen über. Die Urkunden aus diesen ersten Jahrzehnten sind recht spärlich, und es gibt eine ganze Reihe Fragen, die sicherlich nicht ganz geklärt werden. Beispielsweise die, ob Gießen irgendwann offiziell die Stadtrechte verliehen bekam, oder ob es seiner Bedeutung entsprechend allmählich in die Rolle einer Stadt hineinwuchs und nach und nach die entsprechenden rechtlichen Voraussetzungen geschaffen wurden. Diese Fragen sollen uns auch in diesem

Band nicht allzusehr beschäftigen, handelt es sich doch hier gewissermaßen um eine Geschichte in Bildern, bei der der Text lediglich zur Erläuterung und zum besseren Verständnis dient.

Wenden wir uns also unserem ersten „Bild" zu: Es handelt sich um die älteste kartografische Darstellung Gießens. Zum Heiligen Jahr 1500 zeichnete Erhard Etzlaub eine Romweg-Karte, deren Nordhälfte wir in einer verkleinerten Reproduktion zeigen. Die Betrachtung dieser Karte erfordert zunächst einmal eine Umstellung: Wir sind es gewöhnt, daß auf unseren Landkarten Norden oben ist; diese Karte ist gerade umgekehrt zu sehen. Daß viele Wege nach Rom führen, beweist diese Karte. Und jeder Punkt zwischen den Städten und Orten entspricht einer deutschen Meile. Museumsdirektor Dr. Krüger hat dabei festgestellt, daß sich der Kartograf dabei auf der weitesten Entfernung nur um eine Meile verrechnet hat! Der „Gießener" Romweg beginnt in Marburg und führt über Butzbach, Friedberg, Frankfurt und Mergentheim nach Süden.

Um diese Zeit war aus der Burg Gießen schon ein befestigtes Landstädtchen geworden; im Schutz der Mauern hatten sich zahlreiche Bauern und auch Gewerbetreibende angesiedelt. Es gibt bereits Zunftordnungen der Handwerker und die Verleihung von Jahrmärkten durch die Fürsten. Die Pfarrei Selters, die die Bevölkerung der Burg bis dahin geistlich betreut hatte, war in die neue, dem heiligen Pankraz geweihte Kirche verlegt worden. Der Turm dieser Kirche wurde das Wahrzeichen der Stadt; nur sein Torso überdauerte den zweiten Weltkrieg. Damals hatten die Gießener Bürger bereits ihr Rathaus errichtet, das ebenfalls im Dezember 1944 zerstört wurde, und auch das Leib'sche Haus in der Georg-Schlosser-Straße, ein Burgmannen-Haus, stand bereits. 1495 werden im Zinsbuch 240 abgabepflichtige Häuser genannt, von denen aber sicher viele außerhalb der Mauern standen. Gießen hatte damals etwa 1500 Einwohner.

Unter Philipp dem Großmütigen (1518—1567) begann ein neues Kapitel der Gießener Stadtgeschichte. Er erweiterte die Stadt wesentlich und ließ sie zu einer Festung ausbauen, die von mächtigen Erdwällen und Gräben gesichert wurde. Sie verliefen etwa in Höhe

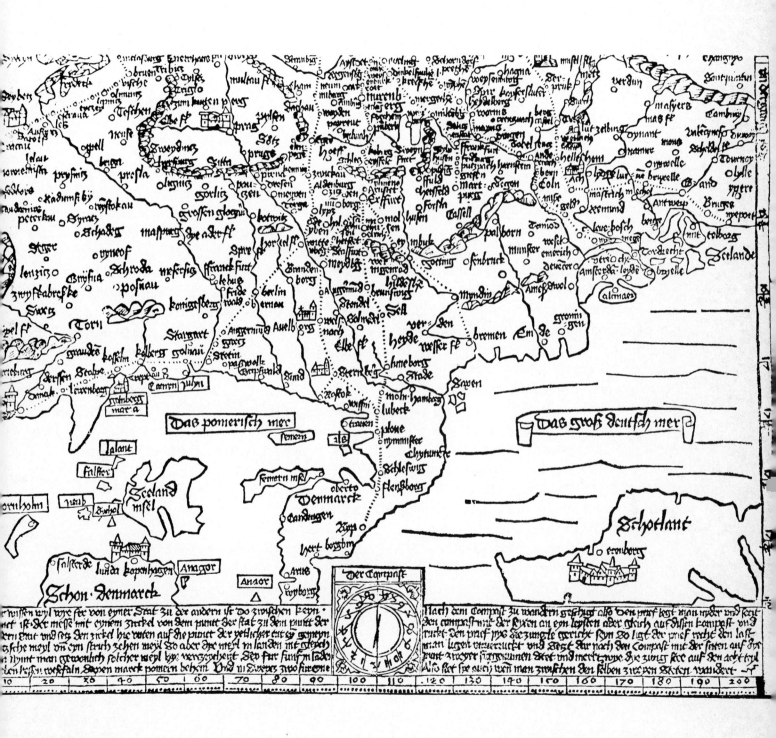

unseres heutigen Anlagenringes und umschlossen alles, was damals zur Stadt Gießen gehörte. Noch manches Jahrzehnt aber verging, bis Gießen diesen Raum innerhalb der Stadtmauern ganz ausfüllte. Unsere Stadtpläne auf den nächsten Seiten beweisen es. Um den alten Stadtkern entstanden viele neue Straßen, die wir heute nur noch dem Namen nach kennen (Flügelgasse = Dammstraße, Hintergasse = Wetzsteinstraße, Kühgasse = Wettergasse und Reicher Sand = Neustadt). Sie endeten meist in einem Revier der Gärten und Scheuern, die den bewohnten Teil von den Wällen trennten. Überhaupt zeigt der Grundriß der Stadt Gießen wenig einheitliche Planung. Eine gewisse Einheitlichkeit ist lediglich in den Flächenmaßen des kleinen Stadtkernes zu erkennen. Die übrige Stadt ist meist „wild" gewachsen — ein Problem, mit dem sich unsere Stadtplaner auch heute noch auseinanderzusetzen haben.

Damals wurde übrigens auch das Alte Schloß, die landgräfliche Stadtburg, in die Befestigung mit einbezogen, nachdem es vorher außerhalb gelegen hatte bzw. ein Teil der Stadtmauer war. Auch über die Entstehung dieses Gebäudes ist nichts Näheres bekannt; es ist jedoch zu vermuten, daß es Ende 13., spätestens zu Beginn des 14. Jahrhunderts entstanden ist. Das Neue Schloß am Landgraf-Philipp-Platz entstand übrigens 1533—1537, während das Zeughaus zwischen 1586 und 1590 erbaut wurde. Das ist übrigens der mächtigste Bau des alten Gießen und hatte im Erdgeschoß einen 80 Meter langen Raum als Stapelplatz für die hessische Artillerie.

Mit der Gründung des „Gymnasium illustre" (1605) und der Universität (1607) begann ein neuer entscheidender Abschnitt in der Gießener Geschichte. Er zeigte sich zunächst rein äußerlich im Bau des Kollegiengebäudes am Brandplatz (das 1850 durch einen Neubau ersetzt wurde, in dem bis zur Zerstörung das botanische und das geographische Institut untergebracht waren). Auch dieses Gebäude erscheint auf vielen alten Stichen. Der Aufschwung der Stadt zu Beginn des 17. Jahrhunderts war aber nur kurz; der Dreißigjährige Krieg und mit ihm die Pest dezimierten die Bevölkerung erheblich. Sie brauchte fast zwei Jahrhunderte, sich von diesem Aderlaß zu erholen.

Auch nachdem auf Befehl der französischen Besatzung zwischen 1805 und 1810 die Festungswerke geschleift wurden und der Kranz der Grünanlagen an ihrer Stelle um die Stadt gezogen wurde, dauerte es noch einige Jahrzehnte, bis Gießen sich auszudehnen begann. Die Stadterweiterung begann zunächst an der „Frankfurter Chaussee". Von rund 5000 im Jahre 1820 erhöhte sich die Zahl der Einwohner bis 1940 auf über 40 000. Das 19. Jahrhundert war es im wesentlichen, das das Bild des neuen, inzwischen auch schon wieder alten Gießen prägte. Lehre und Forschung an der Universität hatten internationalen Ruf, die Industrie entstand neben dem bodenständigen Handwerk, und die Eisenbahn, die Gießen 1850 erreichte, machte es zu einem wichtigen Verkehrsknotenpunkt.

Dieses Gießen wollen wir im Bild zeigen. Während es zunächst nur Stahlstiche, Gemälde und Stammbuchzeichnungen gab, kam in der zweiten Hälfte des 19. Jahrhunderts die Fotografie hinzu. Und glücklicherweise sind trotz der Zerstörung der Stadt im Dezember 1944 recht viele Bilder erhalten geblieben. Eine Auswahl davon (viele genügen ganz einfach nicht mehr den technischen Erfordernissen) möchten wir in diesem Buch bringen. Wir haben uns bemüht, diese Auswahl so vollständig wie möglich zu treffen und möglichst viele Teile der alten Stadt zu zeigen. Wir hoffen, daß diese Auswahl auch den Ansprüchen unserer Leser entgegenkommt.

Einen Plan der Stadt und Festung Gießen nach einer Aufnahme vom Juli 1759, ergänzt nach dem Plan von Ing. Major Laurens vom 22. 11. 1792, zeichnete 1884 Major Fritz Beck. Dieser Plan zeigt zunächst einmal, daß die Stadt bei weitem die Befestigungsanlagen nicht ausfüllte, er erwähnt aber auch eine ganze Reihe von Straßen und Gäßchen, die wir heute bestenfalls nur noch dem Namen nach kennen.

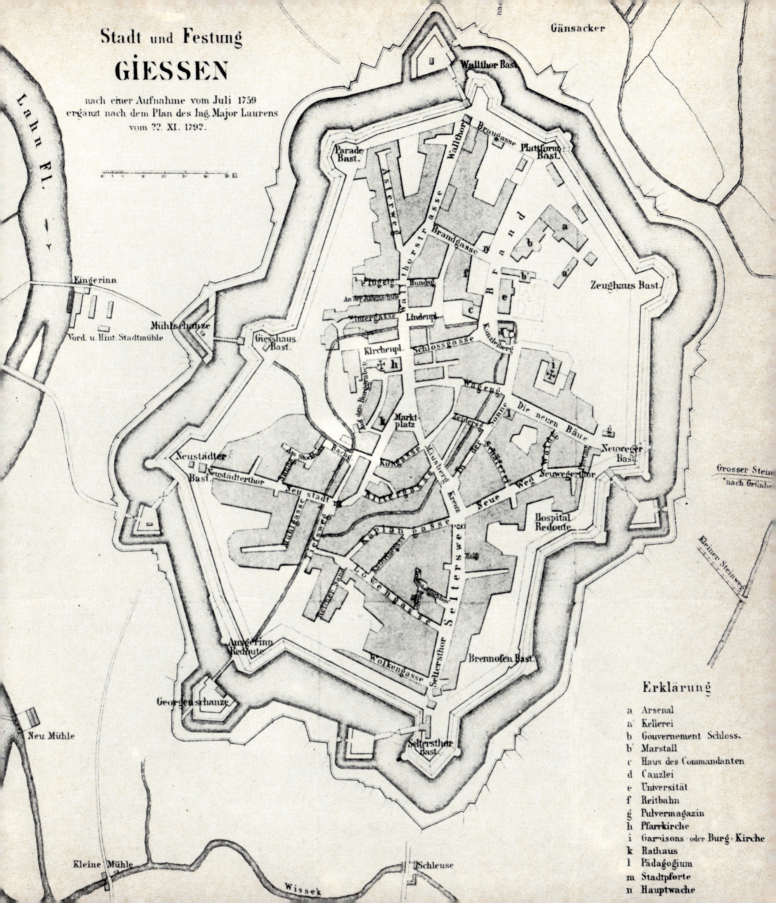

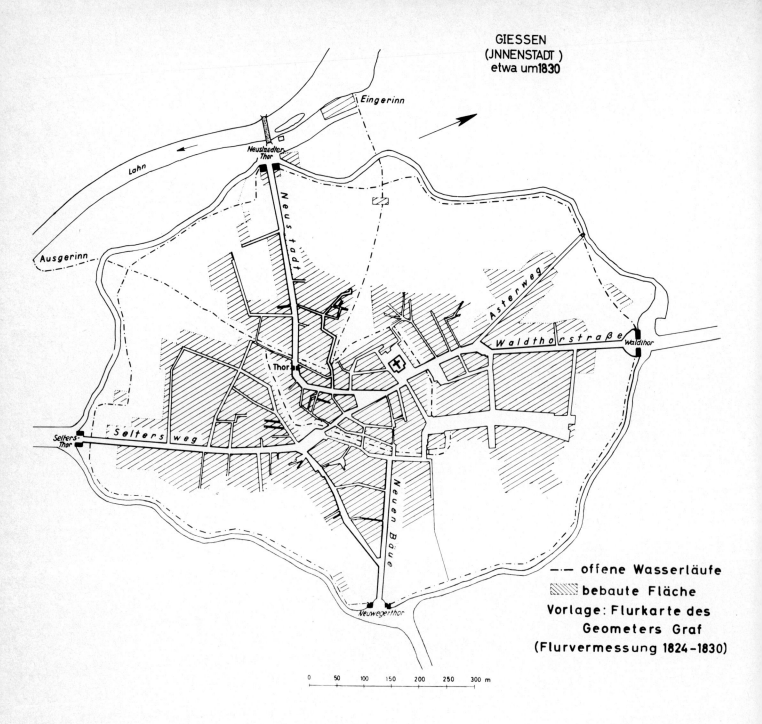

Auf dem Plan der Innenstadt um 1830 sind die Wälle der alten Stadtbefestigung verschwunden, der Graben aber ist noch als offener Wasserlauf vorhanden. Die bebaute Fläche reicht noch nicht an den Anlagenring heran.

1882 ist der offene Schoorgraben noch vorhanden. Die Main-Weser-Bahn trennt bereits die Stadt von der Lahn, und der Anlagenring hat schon fest ausgebaute Straßen. Wo sie noch fehlen, wurden sie bereits projektiert.

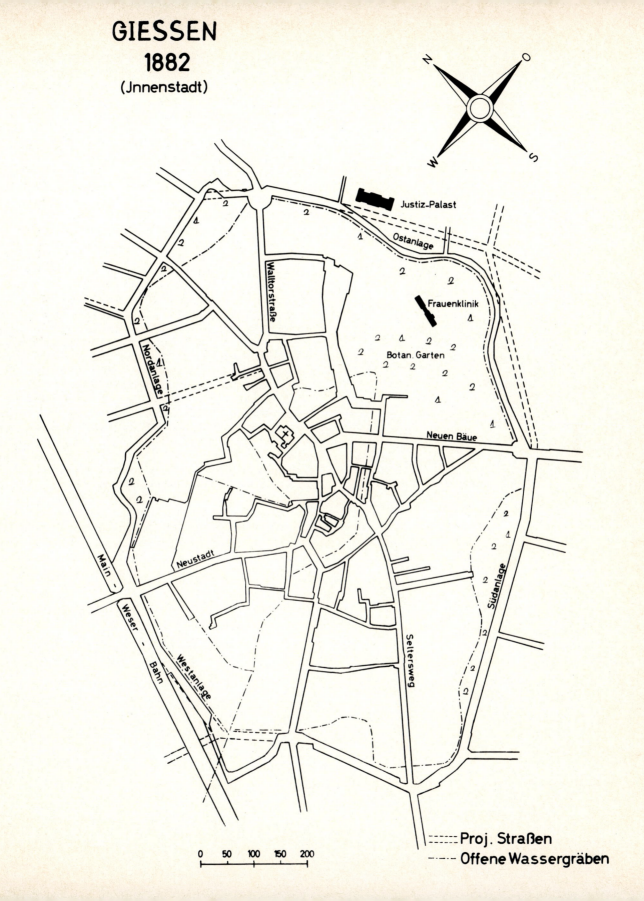

Ein Ausschnitt des Stadtplanes von 1901 zeigt, daß der Anlagenring inzwischen voll ausgebaut wurde. Der Schoorgraben, hier als Stadtringgraben bezeichnet, ist auf einzelnen Strecken bereits verrohrt und führt unter den Straßen her. Noch vorhanden sind „Eingerinn" und „Ausgerinn" der alten Stadtbach, die den Stadtkern umfloß; aber auch sie wurde bereits weitgehend unter die Erde verlegt. Die Innenstadt zeigt im wesentlichen bereits das Straßennetz, wie es auch im zweiten Weltkrieg noch vorhanden war. Lediglich die Mühlstraße war noch nicht ausgebaut. Links unten sind die Oberhessischen Bahnen zu erkennen. In der Alten Klinik waren damals Chirurgische, Augen- und Ohrenklinik untergebracht. Die katholische Kirche befand sich noch an der Ecke Frankfurter Straße und Liebigstraße (heute Saalbau). Die Johannesstraße war noch nicht bis zur Goethestraße durchgeführt, sondern endete an der Plockstraße. Zu erkennen ist auch die 1893 eingeweihte Johanneskirche. Die beiden Synagogen an der Südanlage und an der Steinstraße sind ebenfalls eingezeichnet. Gegenüber vom Neuenweger Tor (das Stadttheater stand noch nicht) befindet sich die Bürgermeisterei. Auf dem Gelände der heutigen Stadtverwaltung befand sich damals das städtische Gas- und Wasserwerk. Das Polizeiamt war in der Weidengasse untergebracht. Am Brandplatz, neben dem Alten Schloß, befand sich die Universitätsbibliothek, während das Kollegienhaus bereits in der Ludwigstraße stand. Das Neue Schloß beherbergte die Universitätskanzlei. In der Walltorstraße finden wir ein Gebäude „Giessener Festsaal (Stadttheater)", das war das bekannte Café Leib. Das „Garnison-Lazareth" war in der Braugasse. Das auf diesem Plan mit „Höhere Mädchenschule" bezeichnete Gebäude trägt heute den Namen Schillerschule, während die heutige Goetheschule damals „Städtische Mädchenschule" hieß. Auch die übrigen öffentlichen Gebäude, die bekannteren Gasthäuser und die Hotels sind auf dem Plan zu erkennen. Die meisten der erwähnten Häuser finden sich im nachfolgenden Bildteil wieder.

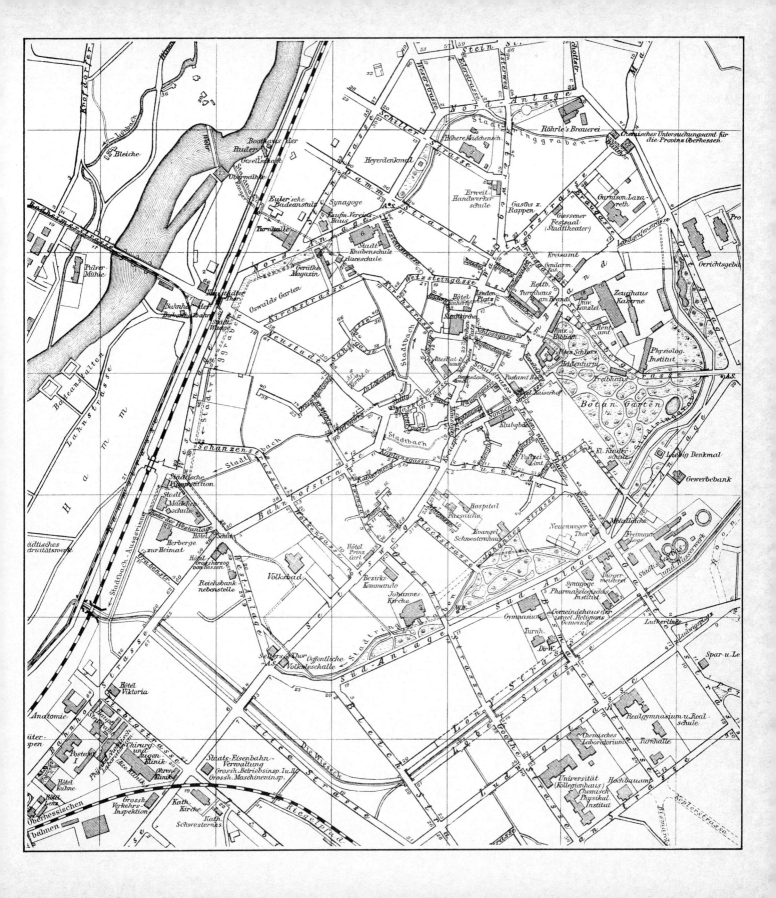

Der berühmte Gießen-Stich, ein Stahlstich von Merian, der die Stadt um die Mitte des 17. Jahrhunderts zeigt.

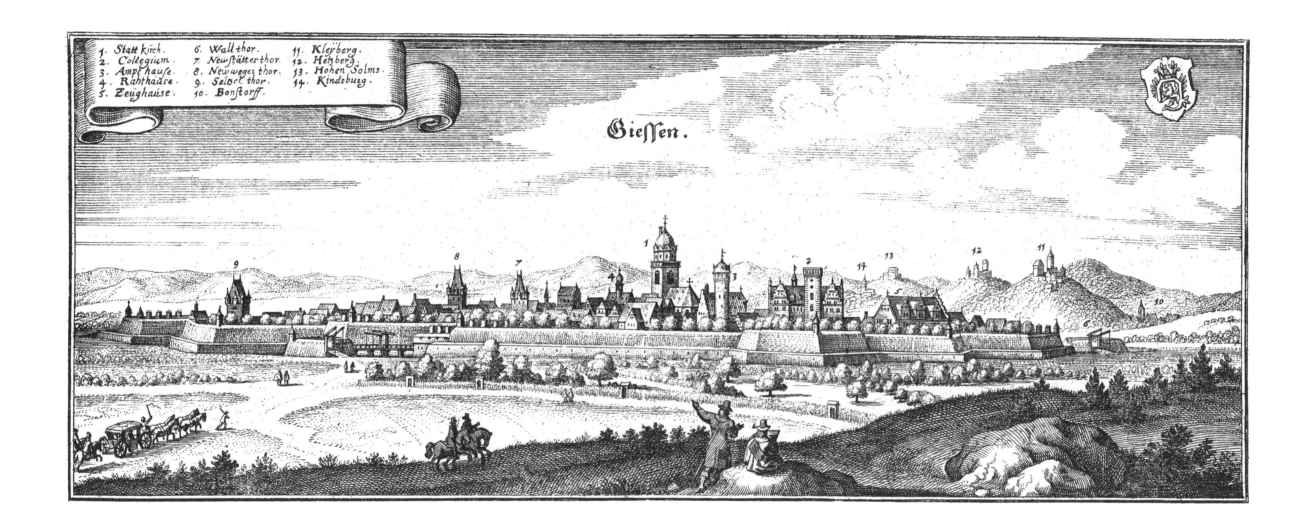

Das älteste Siegel der Stadt Gießen war zugleich das der Burgmannen. Es zeigt einen Ritter, dessen Schild das Wappen der Pfalzgrafen von Tübingen trägt. Dieses wurde 1265, als Gießen an Hessen fiel, durch das der hessischen Landgrafen ersetzt.

Aus dem 16. Jahrhundert stammt das Gießener Wappen, auf dem durch das kleine gotische g der geflügelte hessische Löwe schreitet. 1917 wurde das Wappen geschaffen, das die Stadt Gießen auch heute noch führt.

Die ältesten Stadtansichten finden wir auf Stichen. In den Jahren 1590/91 schuf Wilhelm Dilich die wohl erste Ansicht der Stadt Gießen.

Auch Daniel Meisners Kupferstich dürfte um diese Zeit entstanden sein, denn er hat das 1586 bis 1590 erbaute Neue Schloß bereits eingezeichnet. Veröffentlicht wurde dieser Stich im „Politischen Schatzkästlein" im Jahre 1623.

Das Neuenweger Tor um 1650

Aus dem Jahre 1686 stammt dieser Stich von Chr. Riegel. Er zeigt neben dem beherrschenden Stadtkirchenturm nach rechts anschließend das Alte Schloß mit dem Heidenturm, das 1612 eingeweihte Collegiengebäude der Universität mit dem Turm der Sternwarte und das Zeughaus

Rechts:
Den „Plan der Hochfürstl. Universität und Haupt-Stadt Giessen in Ober-Hessen" nebst „Explication" des Standortes von Kirch-Thurm, Cantzelley-Thurm, Collegium und Zeughauß wurde am 23. April 1759 „verfertiget durch Bettenhaußer Fourier".

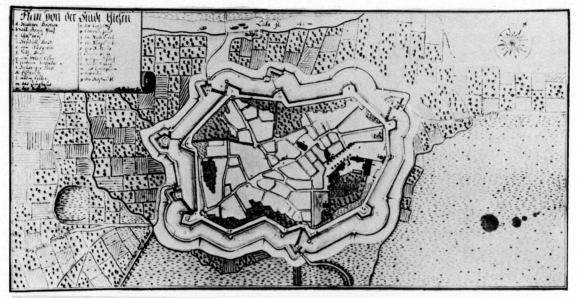

Ein Plan der Stadt Gießen aus dem 17. Jahrhundert. C. Meurer zeichnete nicht nur den Grundriß der Festung (oben), sondern auch eine Stadtsilhouette von Südwesten her gesehen (unten). Die Buchstaben A bis H bezeichnen das Selterstor, das Neuenweger Tor, das Neustädter Tor, die Georgenschanze, die Stadtkirche, das Zeughaus, das Rathaus und die Kanzlei (Altes Schloß).

An Riegels Stich aus dem Jahre 1686 erinnert diese Stadtansicht von 1780. Der Stich zeigt oben die Ansicht der Stadt, darunter eine Küstenlandschaft. Wahrscheinlich hatten „die von Rothe", deren Wappen ein Eisvogel ziert, Besitz in Gießen und am Meer.

Ein Stich auf dem Lehrbrief der Schmiedezunft zeigt die Festung Gießen im Jahre 1775. Lithographie und Druck Louis Wenzel, Gießen.

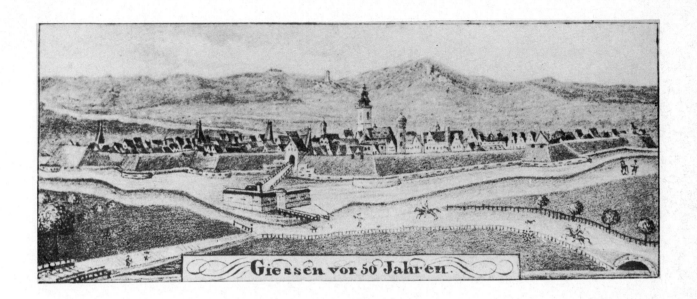

„Gießen vor 50 Jahren" zeigt diese 1841 von C. Lievecke gedruckte Stadtansicht von Richard Hügle. Im Vordergrund ist das Neuenweger Tor zu erkennen; links und rechts in den Ecken sind Brücken über die Wieseck gezeichnet. Lievecke „illustrierte" die Stadtansicht rundum mit einzelnen markanten Gebäuden Gießens bzw. der Umgebung. Einige von ihnen zeigen wir an anderer Stelle.

Die beiden auf der Bank im Busch'schen Garten sind Studenten. Wir sehen eine Stammbuchzeichnung, die aus der ersten Hälfte des 19. Jahrhunderts stammen dürfte.

Diese Stadtansicht entstand ebenfalls nach dem Jahre 1805, nachdem die Befestigungsanlagen verschwunden waren und an ihrer Stelle Bäume standen. Sie erinnert an den bekannten Stich von Reinermann, der um 1820 entstand. Der Stich dürfte nicht sehr viel jünger sein, denn das alte Collegiengebäude der Universität wurde 1843 abgerissen.

Eine Stadtansicht vom Busch'schen Garten aus. Zwar scheinen die Bäume rund um die Stadt kleiner als auf dem vorhergehenden Bild, aber das Collegiengebäude ist offensichtlich bereits durch den Neubau (ohne Turm der Sternwarte) ersetzt. Links im Bild ist ferner ein Kirchturm zu erkennen, bei dem es sich um die 1840 eingeweihte katholische Kirche handeln dürfte (heute steht an dieser Stelle der Martinshof)

Auch der Stahlstich von J. Riegel, nach einer Zeichnung von P. Weber, sieht Gießen vom Busch'schen Garten (Bergstraße) aus. Er entstand um 1840 und wurde 1842 in dem Band „Das Großherzogtum Hessen" veröffentlicht.

Vom Seltersberg, etwa in Höhe des Wartweges hinter dem heutigen Otto-Eger-Heim, blickte F. Heinzerling 1853 auf die Stadt. Eine Reihe seiner Zeichnungen wurde von J. J. Tanner in Stahl gestochen und im Verlag Emil Roth Gießen unter dem Titel „Ansichten von Gießen und seiner Nachbarschaft" veröffentlicht.

Ebenfalls nach einer Zeichnung von Heinzerling entstand dieser Stahlstich vom Gesellschaftshaus im Busch'schen Garten (später Stein's Garten), „dem schon seit mehreren Menschenaltern vielbesuchten Vergnügungsorte", wie Professor Dr. Ph. Dieffenbach 1853 in den bereits erwähnten „Ansichten von Gießen" schrieb.

Einige der schon erwähnten Gebäude, mit denen Richard Hügle 1841 seine Stadtansicht umgab. Links von oben nach unten: Das Universitätsgebäude am Brandplatz, die Alte Klinik in der Liebigstraße und das Gesellschaftshaus (Club) in der Sonnenstraße. Rechts oben das Gesellschaftshaus im Busch'schen Garten und unten ein Blick in den Botanischen Garten, an den sich die Entbindungsanstalt anschloß, die „einem längst gefühlten Bedürfniss abhalf und manches Gute stiftete, wenn wir nur allein die Ausbildung der Hebammen hier ins Auge fassen" (Prof. Dr. Dieffenbach, 1853).

Der Busch'sche Garten.

Der Botan. Garten.

Gießen wurde „von der Marburger Seite", also etwa vom Rodtberg her, verhältnismäßig selten gezeichnet; vielleicht, weil man Gleiberg, Vetzberg und Dünsberg für einen besseren Hintergrund hielt, vielleicht ganz einfach nur deshalb, weil diese Art der Ansicht bekannt war. F. Heinzerling zeichnete und lithographierte die Stadt mit dem Schiffenberg (links). Der Stich erschien 1865 im Verlag von Georg Lüdeking, Gießen.

Eine Fotokopie aus dem Jahre 1883 zeigt das „Panorama der Stadt von der schönen Aussicht", etwa vom heutigen Wartweg, her.

Noch einmal F. Heinzerling, und wieder von einer anderen Seite: Der Blick von der Schützenstraße auf die Lahnbrücke und auf den Seltersberg mit der katholischen Kirche, der Alten Klinik, der Margaretenhütte und ganz rechts der alten Pulvermühle. Auch dieser Stahlstich von Tanner wurde in den „Ansichten von Gießen" veröffentlicht.

Mit diesem Stahlstich von F. Foltz, der den Gießener Marktplatz um 1830 zeigt, möchten wir die Reihe der Stiche abschließen, zugleich aber auch zum Ausgangspunkt unseres (Bilder-) Rundganges durch das Gießen, wie es war, führen.

Mit der Entwicklung der Fotografie innerhalb der letzten hundert Jahre gewinnen die Bilder aus dem alten Gießen an Genauigkeit und vielleicht hier und da auch an Qualität. Zwar war es mit der monströsen Plattenkamera noch recht umständlich, Bilder herzustellen, verglichen aber mit der Herstellung eines Kupfer- oder Stahlstiches war es damit bereits eine „Kleinigkeit", die Heimat im Bild festzuhalten. Dementsprechend ist auch die Zahl der Bilder aus den letzten hundert Jahren wesentlich größer als die aus früheren Zeiten. Unsere Auswahl ist nun nicht etwa nach dem Jahr der Entstehung der einzelnen Fotos geordnet, sondern wir haben uns bemüht, einen Spaziergang durch die alte Stadt zusammenzustellen, auf dem Sie uns begleiten möchten.

Beginnen wir auf dem Marktplatz. Unser Bild entstand kurz nach der Jahrhundertwende und zeigt schon die Straßenbahnschienen. Links, an der Ecke Mäusburg, das schöne Fachwerkhaus von David Kaminka. Rechts geht es in die Marktstraße hinein, und in der Häuserfront ganz rechts ist der Giebel des alten Rathauses zu sehen.

Links oben: Die andere Seite des Marktplatzes mit dem Blick zum Kirchenplatz. Auf der linken Seite die Gaststätte „Zum Adler", gegenüber, an der Ecke Schulstraße, die Universitäts-Apotheke „Zum goldenen Engel". Darunter links noch einmal ein Blick von der Ecke Schulstraße auf die Häuser zwischen Markt- und Kirchenplatz; rechts erkennt man einen Teil des Erkers der Engel-Apotheke. Das Bild daneben zeigt einen Blick aus dem Fenster des Eckhauses Marktplatz—Marktstraße zum Turm des Rathauses und der Stadtkirche. Das Ende des 15. Jahrhunderts erbaute Rathaus war ein „Star" unter den „Fotomodellen" Alt-Gießens (oben).

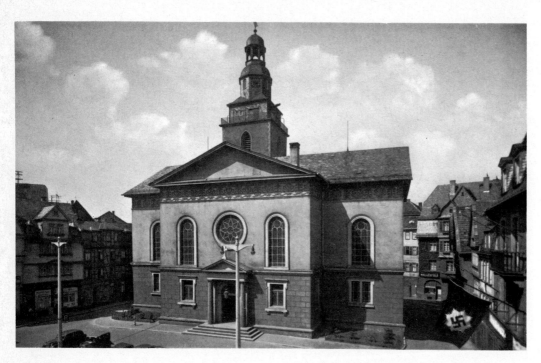

Unser Weg führt jetzt zum Kirchenplatz. Aus dem 18. Jahrhundert stammt diese Zeichnung der Stadtkirche, die St. Pancratius geweiht war. Das Kirchenschiff wurde Anfang des 16. Jahrhunderts fertiggestellt, 1808 abgebrochen und zwischen 1810 und 1820 durch eine neue Kirche ersetzt (Foto unten). Erhalten blieb der 1484 begonnene Glockenturm, dessen Helm erst später aufgesetzt wurde. Der Turm hatte vier Geschosse; über dem Wächtergang befand sich ein zehnseitiges Wohngeschoß für den Türmer.

Der Seiteneingang der Stadtkirche in der Kirchstraße (heute Georg-Schlosser-Straße).

Vom Stadtkirchenturm (unten noch eine Zeichnung von Höhn) blicken wir hinunter auf die Häuser der Innenstadt, auf den Marktplatz (rechts Dach und Türmchen des Rathauses) und in die Schulstraße (links).

Rechts:
Blick vom Kirchenplatz zum Lindenplatz (links) und in die Schloßgasse (rechts).

Hinter der Stadtkirche, im Schatten des Turmes, befindet sich der älteste Teil der Stadt Gießen. Hier stand damals nicht nur das aus dem Ende des 15. Jahrhunderts stammende Burgmannenhaus (Leib'sches Haus), sondern auch schöne, allerdings jüngere Fachwerkhäuser (links und unten).

Blick aus dem Häusergewirr der Altstadt auf das Wahrzeichen Gießens, den Stadtkirchenturm.

Hinter der Stadtkirche.

Das alte Gießen hatte sehr viele Fachwerkhäuser. Hier das Loos'sche Haus, Ecke Kirchenplatz—Marktplatz (oben).

Das alte Hotel „Zum Einhorn" an der Ecke Kirchenplatz—Walltorstraße; rechts im Bild ein Teil des Lindenplatzes (links).

Die Straßen des alten Gießen waren recht schmal. Hier die Mäusburg, Verbindung zwischen Markt- und Kreuzplatz (rechts).

Durch die Mäusburg (beide Bilder mit Blick in Richtung Marktplatz) ...

... kommen wir zum Kreuzplatz. Rechts der untere Seltersweg, links der Neuenweg.

Bleiben wir aber zunächst auf dem Kreuzplatz und gehen (im Hintergrund rechts) ...

... in die Sonnenstraße, die hier gerade feste Bürgersteige und eine bessere Fahrbahn erhält.

Noch ein Blick in einen der malerischen Höfe am Kreuzplatz. Im Hintergrund links (mit Efeu bewachsen) ein Rest der alten Stadtmauer.

In der alten Sonnenstraße stand die Brauerei Weidig, später Gaststätte „Zum Andres". Im Hintergrund (mit dem Schild Erlengasse) die Ecke des Hauses Fuhr (links).

Anfang des 17. Jahrhunderts wurde dieses schöne Fachwerkhaus in der Sonnenstraße gebaut (rechts ein Blick in den Innenhof). Es war das Geburtshaus von Ludwig Rudolf Oeser, der unter dem Schriftstellernamen O. Glaubrecht weithin bekannt wurde. Nach dem späteren Besitzer wurde es bis zur Zerstörung im Dezember 1944 „Haus Weisel" genannt.

An der Ecke der Neuen Bäue (rechts) stand das Anfang des 17. Jahrhunderts erbaute ehemalige Pädagog (Gymnasium). An der anderen Ecke das ehemalige Haus Höpfner (später Obermann).

Blick aus der Schulstraße in die Neuen Bäue. Rechts, an der Ecke der Sonnenstraße, noch einmal der Fachwerkbau des ehemaligen Pädagogs (links).

Bleiben wir an der Ecke der Sonnenstraße mit der Schulstraße, dann sehen wir (unten) das alte Hotel „Kaiserhof" und gegenüber (rechts) das „Haus zur Sonne", das Haus Sonntag (im Hintergrund Blick in die Sonnenstraße in Richtung Kreuzplatz).

Die alte Schulstraße im Jahre 1883.

Die Expedition des Gießener Anzeigers in der Schulstraße 7, Ecke Kaplaneigasse.

Die alte Schulgasse um 1840; nach einem Gemälde.

Noch einmal die Schulstraße, und zwar im Jahre 1898.

Ratterten im vorigen Jahrhundert noch Pferdewagen durch die Schulstraße, so wurden sie nach 1900 teilweise von der Straßenbahn abgelöst. Da geschah es auch schon einmal, daß die „Elektrische" aus den Schienen sprang und erst an der Hauswand zum Stehen kam (links oben).

Rechts oben:
Die alte Schule, nach der die Schulstraße ihren Namen hatte (links), mußte später dem Hotel „Kaiserhof" weichen. Rechts das Backsteingebäude an der Ecke Wagengasse beherbergte im vorigen Jahrhundert (unser Bild entstand um 1876) vorübergehend die Post. — Auch das untere Bild auf der rechten Seite führt noch einmal in das 19. Jahrhundert: Anstelle des Hauses Mayer (Ecke Schulstraße — Marktplatz) wurde später die Engel-Apotheke gebaut.

Gehen wir jetzt in die Marktstraße und blicken hinein in die Wettergasse, die Verbindung zur Mäusburg, an deren Ecke das Haus Bette stand.

Blick durch die Marktstraße in Richtung auf das Haus Frensdorf (Ecke Neustadt — Bahnhofstraße) ...

... und zurück in Richtung Marktplatz. Das Foto entstand bei der Verlegung der Kanalisation im Jahre 1903 (rechts).

Folgen Sie uns jetzt bitte von der Marktstraße in das Gebiet vor der ersten Stadtmauer, in die Gäßchen „auf der Stadtbach". Links unten die Sandgasse im Jahre 1903. Rechts daneben, ein Jahr später aufgenommen, das alte Pistor'sche Lagerhaus in der Sandgasse-Löbers Hof. Ein Stück von der Stadtbach sehen wir auch auf dem Bild oben rechts (ebenfalls mit dem Pistor'schen Lagerhaus). Eine Inschrift aus dem Jahre 1671 erinnert noch heute daran, daß in der Sandgasse einst eine Brauerei stand (rechts unten). Die Federzeichnung von Wilhelm Stephan zeigt schließlich noch einmal ein Stück aus der Sandgasse.

Das „Stockhaus", ehemaliges Arresthaus, in der Sandgasse wurde um 1700 erbaut. Es überstand die Bomben des zweiten Weltkrieges und wurde erst 1960 abgerissen.

Auch dieser Winkel in der Sandgasse überstand den letzten Krieg. Allerdings wird man ihn heute ebenfalls vergebens suchen.

Diese Bilder zeigen die jüngere Geschichte des Lindenplatzes: Mit dem Abbruch des Hauses Walter (zu Beginn der 90er Jahre) erfolgte der Durchbruch der heutigen Marktlaubenstraße (links oben). Darunter ein Bild aus dem Jahre 1909. Rechts oben ein Foto aus dem Jahre 1906, mit dem alten Gasthaus „Zum Lindenhof" und darunter ein Bild aus dem Jahre 1938.

Hier noch ein Foto vom Durchbruch zwischen Lindenplatz und Brandplatz aus den 90er Jahren. Links das alte Hofgerichtsgebäude.

Jetzt die umgekehrte Blickrichtung vom Brandplatz zur Stadtkirche. Das Foto stammt aus dem Jahre 1907.

Ein Gießener Stammbuchblatt von 1754 zeigt das 1607—1611 gebaute Collegiengebäude der Universität, daneben — perspektivisch verzeichnet — das Alte Schloß.

Der Renaissancebau des alten Collegiengebäudes wurde 1850 durch einen Neubau ersetzt, der 1944 zerstört wurde.

Blick vom Alten Schloß auf die Marktlauben. Rechts die Feuerwache am Brandplatz.

Und hier ein Blick vom Brandplatz in die alte Schloßgasse.

Noch einmal der Brandplatz und die Ecke der Schloßgasse. Die Gießener Feuerwehr bei einer Übung.

Die Universitäts-Reitbahn am Brandplatz. Die gedeckte Halle (links) wurde zerstört; nur das Wohnhaus blieb erhalten.

Die Südseite des Alten Schlosses am Kanzleiberg gegen Ende des 19. Jahrhunderts.

Das Alte Schloß, vom Botanischen Garten aus gesehen, im Jahre 1883. — Die Architekturzeichnung F. M. Hessemers aus dem Jahre 1825 zeigt den Heidenturm.

Das Alte Schloß vor der Renovierung (1904/05), als Foto und als Architekturzeichnung von Hessemer (unten).

Das kunstvoll geschmiedete Tor zum Schloß-hof (links).

Der Brunnen im Schloßhof (rechts).

Noch einmal die Südseite des Alten Schlosses mit dem Heidenturm. Seit der Restaurierung 1904/05 war es zunächst großherzogliches Stadtquartier, ehe es ab 1920 das Oberhessische Museum und die Gailschen Sammlungen aufnahm.

Die Westfront des Schlosses vor der Zerstörung im Dezember 1944.

Das Renaissance-Portal auf der Westseite (am Brandplatz).

Die frühere Zehntscheuer am Landgraf-Philipp-Platz nach dem Umbau zur Großherzoglich-Hessischen Polizeidirektion. Links vorn die Polizeiwache. Darunter ein Blick vom Brandplatz zum Landgraf-Philipp-Platz. Links wieder die Wache, dahinter das Gebäude der Kreisverwaltung (links).

Der Landgraf-Philipp-Platz vor der Umgestaltung. Rechts die Giebelfront des Zeughauses (unten).

Eines der alten Gießener Bürgerhäuser am Landgraf-Philipp-Platz: das Haus Egly...

... und der Blick in den Flur mit seinem — hier etwas beschädigten — reich geschnitzten Treppengeländer.

In den Jahren 1533—1537 wurde das Neue Schloß unter Landgraf Philipp, dem die Geschichte den Namen „der Großmütige" gegeben hat, erbaut. Es ist eines der Kleinode hessischer Fachwerkkunst. Nicht immer aber sah es so aus, wie wir es heute kennen; es war lange Zeit verputzt. Hier ein Bild aus den 90er Jahren des vergangenen Jahrhunderts (oben rechts). Der Hof des Neuen Schlosses wurde auf der einen Seite vom Schloß selbst begrenzt, die Rückseite bildete das Zeughaus und auf der anderen Seite Amtskellerei und Marstall. Noch zu Beginn unseres Jahrhunderts war in diesem Gebäude, das zum großherzoglichen Familieneigentum gehörte (rechts im Bild), die Bezirkskasse untergebracht (rechts unten).

Aus dem Jahre 1883 stammt dieses Bild vom Zeughaus und dem Neuen Schloß (oben).

Rechts das Sandsteinportal des Zeughauses mit den Wappen der hessischen Landgrafenfamilie.

Kanalbauten in der Walltorstraße im März 1903. Im Hintergrund links geht es in den Asterweg.

Fachwerk- und Bürgerhäuser in der Walltorstraße: Das Haus Rödiger (links), die beiden Häuser Sack an der Ecke der Wetzsteinstraße und daneben das Haus Heyne, als Gaststätte „Aquarium" sehr bekannt (unten).

Noch einmal Walltorstraße — der Eingang zum Café Leib, in dem u. a. bis zur Fertigstellung des Neubaues in der Südanlage das Gießener Theaterensemble spielte.

Blick von der Walltorstraße in den Asterweg.

Blick in die Zozelsgasse (sie zweigte parallel zur Dammstraße von der Walltorstraße ab), Reproduktion eines Aquarells von M. Modde.

Die alte Ebel'sche Scheune in der Zozelsgasse (rechts). Sie wurde zu Beginn des zweiten Weltkrieges abgerissen, wegen ihres schönen Fachwerkes jedoch sorgfältig gelagert und sollte an anderer Stelle wieder aufgebaut werden. Das Holz wurde jedoch irgendwann gegen Kriegsende verheizt.

Die Hundsgasse verband die alte Walltorstraße mit der Lindengasse.

Ehe wir zum Seltersweg gehen, von dem wir hier ein Bild der bekannten Bürger- und Studentenkneipe „Ins Lotze" aus dem Jahre 1918 zeigen,...

... erst noch ein Abstecher in den Tiefenweg, der in früheren Zeiten ebenfalls schönes Fachwerk aufzuweisen hatte.

Jetzt also in den Seltersweg, seit Jahrzehnten die Hauptgeschäftsstraße unserer Stadt. Unser Bild links oben zeigt die Ecke der Plockstraße (Blickrichtung zum Kreuzplatz). Links unten der Blick vom Selterstor in den oberen Teil des Seltersweges. Rechts noch einmal ein ähnliches Bild, das vor etwa 50 Jahren entstand

Im Jahre 1907 erlebte der Seltersweg den Festzug anläßlich der 300-Jahr-Feier der Universität.

1931 entstand dieses Foto vom Teufelslustgärtchen, vom Seltersweg her gesehen.

Schon zu Beginn unseres Jahrhunderts war der Seltersweg der „Bummel".

Um das Jahr 1860 entstand dieses Bild im oberen Seltersweg. Es zeigt die Restauration Busch, etwa in Höhe der heutigen Löwendrogerie W. Kilbinger Nachf.

Durch die Plockstraße (hier ein Blick vom Seltersweg in Richtung Südanlage)...

...kommen wir in die Johannesstraße.

Hier stand früher einmal die Brauerei Friedel & Asprion, deren Zufahrt vom Seltersweg her erfolgte.

Blick von der Neuen Bäue in Richtung Schulstraße.

An der Ecke der Neuen Bäue und des Neuenweges stand das alte Café Ernst Ludwig.

Die Torhäuschen am Neuenweger Tor, dem Beginn der Neuen Bäue (heute Berliner Platz) standen noch bis nach dem Krieg.

Das Torhäuschen gegenüber vom Theater, an der Ecke der Ostanlage.

Auch die beiden alten Kastanien in der Neuen Bäue, vor dem Theater, fielen erst nach dem zweiten Weltkrieg.

Blick aus der Ostanlage auf die Ecke der Gartenstraße (heute Berliner Platz). Links an der Ecke stand die Loge „Ludewig zur Treue" (links unten).

Dieses Gebäude in der Weidengasse (oben) war von 1837 bis 1856 das erste Schulhaus der Realschule. Vorübergehend war dort auch die Großherzogliche Polizeidirektion untergebracht.

Das Liebig-Denkmal in der Ostanlage überdauerte zwar den Krieg, wurde in den Monaten darauf jedoch mutwillig zerstört. Nur der Kopf blieb erhalten; er steht heute etwa an der gleichen Stelle.

Unternehmen wir nun einen Spaziergang rund um die Gießener Anlagen.

Die alte Bürgermeisterei an der Ecke der Gartenstraße (heute steht hier die Kongreßhalle).

Blick von der Ostanlage über den Botanischen Garten zur bereits erwähnten Entbindungsanstalt, zum Collegiengebäude der Universität und zum Alten Schloß (rechts oben).

Das Palmenhaus im Botanischen Garten wurde 1944 ebenfalls zerstört (unten).

Blick von der Ostanlage in die Landgrafenstraße (links).

Auf dem Stadtplan von 1882 ist die Fahrbahn der Ostanlage lediglich geplant. Nur ein Fuß- und Reitweg zog sich vor dem Landgerichtsgebäude durch die Anlagen (rechts oben).

16 Jahre später war die Straße fertiggestellt, und ein Zaun trennte das Gerichtsgebäude vom Bürgersteig (rechts unten).

Die Synagoge in der Steinstraße und die Höhere Töchterschule in der Dammstraße (Ricarda-Huch-Schule, heute Gesamt-Schule Mitte)

Aus dem Jahre 1893 stammt dieses Foto der alten Stadtknabenschule und der Alicenschule an der Nordanlage (heute Friedrich-Feld-Schule)

Gegenüber stand später das Kaufmännische Vereinshaus.

An der Ecke Bahnhofstraße — Westanlage standen früher das Hotel Großherzog und gegenüber (weitgehend verdeckt) das Hotel Schütz.

Blick vom Selterstor in die Westanlage (unten).

Noch ein Blick von der Westanlage auf die Ecke der Bahnhofstraße, die alte Commerz- und Privatbank.

Blick aus der Frankfurter Straße auf das Selterstor.

Am Selterstor, an der Ecke der Südanlage, stand das Wiener Café Hettler.

Der Schoorgraben durchfloß noch in den 30er Jahren unsere Anlagen. Hier in der Nähe des Selterstores.

Das Bild der Johanneskirche hat sich kaum verändert, wohl aber das der Goethestraße.

Die Südanlage. An der Ecke der Bismarckstraße stand das Landgraf-Ludwigs-Gymnasium. Gegenüber (unser Bild entstand 1883) war die alte Turnhalle, die links auf unserem Bild angeschnitten ist.

Schräg gegenüber vom Stadttheater stand in der Südanlage die zweite Gießener Synagoge (oben rechts).

Das Gießener Stadttheater trug in den ersten Jahren eine Quadriga. Sie wurde im ersten Weltkrieg eingeschmolzen (unten rechts).

Die Grünanlagen zwischen Johannesstraße und Südanlage; im Hintergrund das Stadttheater.

Viermal Ludwigsplatz. Links von oben nach unten: Zu Beginn unseres Jahrhunderts, im Jahre 1883 und vor 1945.

Am 1. Mai 1906 besuchte Kaiser Wilhelm II. die Stadt Gießen. Nach der Besichtigung der Kasernen ritt er durch die Kaiserallee (heute Grünberger Straße) über den Ludwigsplatz.

Noch einmal Kaiserbesuch am 1. Mai 1906: Der Kaiser in der Senckenbergstraße (unten).

Am 15. April 1910 war Kaiser Wilhelm wieder in Gießen. In der Bergkaserne kam er im Auto an, später aber ging es mit einem PS von der Kaserne die Kaiserallee hinunter zur Stadt (rechts).

Links:
Auch zum Jubiläum des Regiments 116 am 23. April 1913 war der Kaiser noch einmal in Gießen. Nach dem „Kaiserfrühstück" stellte er sich mit dem Offizierskorps dem Fotografen.

Anläßlich des Regiments-Jubiläums im April 1913 traten die 116er in den Uniformen von 1813 an. Großherzog Ernst Ludwig (vorn mit Helmbusch) nahm die Parade ab (unten).

Rechts:
Eine Stammbuchzeichnung aus der Zeit kurz nach Fertigstellung des Zeughauses: Exerzieren auf dem Kasernenhof.

Der junge Großherzog Ernst-Ludwig weilte in den neunziger Jahren oft in Gießen. Hier wird er mit seiner Gattin von den Honoratoren der Stadt empfangen (unten).

Gehen wir bei unserem Spaziergang durch das alte Gießen jetzt einmal in die Straßen außerhalb des Anlagenringes. Von oben nach unten: Blick in Berg- und Gartenstraße. Dort stand in Stein's Garten (früher Busch'scher Garten) das ehemalige Gesellschaftsgebäude, das eine wechselvolle jüngere Geschichte hatte: Während des ersten Weltkrieges diente es als Lazarett, und gelegentlich fanden dann in Stein's Garten Platzkonzerte statt (unser Bild). Später residierte hier die Stadtverwaltung.

Im Jahre 1883 wies der Alte Friedhof noch keinen so schönen Baumbestand auf wie heute. Die Bäume waren fast alle erst kürzlich angepflanzt, so daß die Kapelle noch ziemlich frei stand. Unten das Innere der Kapelle auf dem Alten Friedhof, die 1623 erbaut wurde.

Das war die alte Kaiserallee. Links die Ecke der Moltkestraße. Von den Gebäuden ist noch die Gaststätte „Zum Krokodil" erhalten (heute „Pit's Pinte", Grünberger Straße)

Die Restauration „Schützenhaus" steht noch ziemlich einsam in der oberen Grünberger Straße. Dieses Bild entstand zu Beginn unseres Jahrhunderts, kurz nachdem die Straßenbahn eingerichtet wurde. Darunter ein Bild aus der Licher Straße, am Erfrischungshäuschen an der Ecke des Nahrungsberges aufgenommen.

Links oben: Die Bergkaserne, vom Lärchenwäldchen her gesehen. Darunter ein Bild vom Gießener Flughafen. Das Empfangsgebäude kennt man heute kaum noch.

Auch das Gesicht des Eulenkopfes hat sich wesentlich gewandelt: Wo damals nur Sand und wenige Bäume zu finden waren, steht heute ein ganzer Stadtteil.

Drei Bilder aus der Geschichte des Triebs: Oben Landung des Luftschiffes „Viktoria Luise" im Jahre 1910.

Beim Grenadiertag am 2. Oktober 1932 paradierten Soldaten vor der großherzoglichen Familie. Die Fahnen aller hessischen Regimenter wurden vorausgetragen. Auf dem unteren Bild sind von links nach rechts zu erkennen die Erbgroßherzogin Cäcilie, geborene Prinzessin von Griechenland, Schwester von Prinz Philipp, die Großherzogin Eleonore von Hessen, Erbgroßherzog Georg Donatus und Großherzog Ernst-Ludwig von Hessen.

Das Restaurant am Philosophenwald war in früheren Zeiten ein beliebtes Ausflugsziel für die Gießener. Viele der bekannten Gießener „Fünfziger-Feste" fanden hier statt. Heute stehen an dieser Stelle die drei Hochhäuser.

Darunter ein Bild von der Moltkestraße zwischen Wieseckbrücke und Ostanlage.

Zwischen dem Schwanenteich und der Pestalozzischule befand sich bis Kriegsende noch ein kleiner Teich, der Skagerrak-Teich, mit einem Denkmal.

Reproduktion eines Gemäldes der alten, stark gewölbten Lahnbrücke, die 1845—1848 durch eine neue Brücke ersetzt wurde.

Darunter die Lahnbrücke vor 1945.

Die Häuser der beiden ältesten Gießener Ruderklubs: Gießener Ruderer-Gesellschaft (oben) und Ruder-Club Hassia

Zwischen der Lahn und der Bahnhofstraße befand sich der Loos'sche Felsenkeller, in dem 1851/52 Sommer-Theater gespielt wurde. Dahinter sind das Liebig-Museum, die Alte Klinik und die katholische Kirche zu erkennen.

Ein Luftbild von den Badeanstalten an der Lahn.

Das Turbinen- und Maschinenhaus des Elektrizitätswerkes an der Lahn (unser Bild stammt aus dem Jahre 1901) war früher eine Mühle.

Die obere Bahnhofstraße mit dem Hotel Victoria im April 1910.

Der Bahnhofsvorplatz hat sich nicht allzusehr verändert. Allerdings standen dort, wo heute Omnibusse und Taxis halten, früher Straßenbahn und Kutschen.

Die Liebigstraße zwischen Frankfurter Straße und Bahnhofstraße.

Dieses Gebäude wurde 1818/19 als Kaserne gebaut; einige Jahre später wurde es „Akademisches Krankenhaus". Bis 1910 waren dann die Chirurgische und die Augenklinik der Universität darin untergebracht. Heute steht hier in der Liebigstraße der moderne Bau des Fernmeldeamtes Gießen.

57 Semester, von 1824 bis 1852, wirkte Justus von Liebig als Professor der Chemie in Gießen. 1824/25 richtete er in dem früheren Wachlokal der alten Kaserne (unser Bild zeigt eine Zeichnung aus dem Jahre 1841) sein Laboratorium ein, das später Museum wurde.

Das Arbeitszimmer Justus von Liebigs im Liebig-Museum in der Liebigstraße.

Aus dem 19. Jahrhundert stammt diese Zeichnung vom Seltersberg, auf der nicht nur die beiden Torhäuser am Selterstor, sondern auch die Alte Klinik mit den beiden ehemaligen Kasernen-Wachlokalen zu erkennen sind.

Um die Jahrhundertwende befuhren die ersten Kraftwagen die Frankfurter Straße, die wir hier in Richtung zum Selterstor sehen.

Noch einmal die Frankfurter Straße, von der Wieseckbrücke stadtauswärts. Links die Gaststätte „Zum Hessischen Hof",...

... im April 1829 wurde hier der Grundstein gelegt für das — damals — Ferber'sche Haus. Unsere Zeichnung entstand im Februar 1829.

Gehen wir stadtauswärts, kommen wir an der alten katholischen Kirche (später nach der weitgehenden Zerstörung im Dezember 1944 lange Jahre Saalbau Liebigstraße) vorbei. Heute steht an dieser Stelle der Martinshof.

Das „Gießener Universitäts-Bilderbuch", eine Gabe der Universität an ihre im Feld befindlichen Angehörigen, brachte 1915 diese Aufnahme der Veterinär-Institute in der Frankfurter Straße.

Ein altes Foto von der Medizinischen und Frauenklinik in der Klinikstraße.

An der Ecke Keplerstraße – Bismarckstraße wurde im Herbst 1904 die Universitäts-Bibliothek eingeweiht. Sie fiel ebenfalls den Bomben zum Opfer, und nur die auf dem Dach zu erkennende Eule erinnert vor dem heutigen Neubau an das alte Haus.

An der Ecke Bismarckstraße – Ludwigstraße stand das Alte Realgymnasium, heute — in baulich veränderter Form — ein Teil der Liebigschule.

Das neue Collegiengebäude der Universität in der Ludwigstraße wurde 1879 erbaut. Zum Universitäts-Jubiläum 1907 wurde die große Aula fertiggestellt, aus der wir ein Bild aus dem Jahre 1914 zeigen.

Zwei Bilder vom Studentenleben der alten Gießener Universität (links) auf dem Gleiberg und eine Paukerei auf dem Schiffenberg sowie eine Zeichnung vom Physikalischen und Physikalisch-Chemischen Institut in der Goethestraße und schließlich ein Blick von der Goethestraße zur Johanneskirche sollen unseren Rundgang durch das Gießen, wie es war, beschließen.

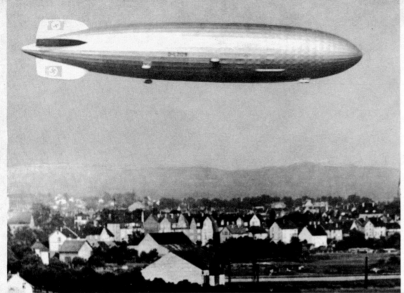

Fliegen wir zum Schluß noch einmal mit dem Luftschiff LZ 129 über Gießen und blicken wir hinunter auf die Stadt an der Lahn, die im letzten Vierteljahrhundert ihr Gesicht so grundsätzlich veränderte, wie nie zuvor in ihrer Geschichte.